JN418860

붉은 작업실

붉은 작업실

김은자 시집

문학의전당

自序

고요를 꿈꿀수록 나는 반란한다
동질을 갈망할수록 나는 불화한다
오, 소란스런 내면
하루에 한 개쯤 나는 그런 것들을
그리며 사는 줄 알았다
깨어나 보니 다시 붉은 방
남편의 발이 보인다 고맙다
시집 준비에 여념 없었던 나를
오래 앓다 일어난 환자처럼 반겨준다
깨어 난다는 것은
전보다 뜨겁게 꿈을 꾸는 것이리라
내 안의 서럽고 붉은 입자들이
푸른 기억으로 번져 메아리가 될 때까지

| 차례 |

2부 붉은 작업실

3부 손가락에 박힌 가시를 뽑으며

4부 장미정원

1부

유목의 피

물봉선

머지않아 내부를 비트는 발칙한 혹이
한 마리 낙타를 토해낼 것이다
행간과 행간을 건너 너에게로 갈 것이다
휘파람새가 운다
왔던 길을 지우는 저 역한 냄새
봄이 올 때까지
템포는 즐거운 고립이다

암호에 미끄러지다

연고를 바르며 전생을 본다 아주 먼 나라의 파편이
운석처럼 내 기억 속에 떨어진다

전생에서 나는 장님이었다
손 끝 하나로 우주를 읽어내렸던 맹인,
점자 해독은 일련의 볼록한 점처럼
피부 깊숙이 남아 있다

시간이 온통 암호 투성이었을 적

나는 암호를 풀기 위해 송곳처럼 생긴 점필點筆 위에
깨알 같은 글씨를 오른쪽에서 왼쪽으로 써내려갔다
결국은 점칸 속 엉켜버린 암호에 미끄러져
어느 문도 내 손으로 열지 못한 채 어머니 자궁을 빠져나왔다
패스워드 없이 여는 문은 깨어지고 부서진 바코드
세상은 왼쪽에서 오른쪽으로 돌아가고 있었고
지문이 열쇠라는 것을 알았을 땐
온몸은 상처 투성이었다

상처는 모가 나지 않은 말을 그리워한다

체온 있는 동그라미 속에서 뭉개진 점판을
동그랗게 읽고 싶어한다 연고를 바르고 난 뒤
상처 위의 노란 진물
그것은 이제야 착륙한 전생의 눈물이다

해독된 점자가 따스하다

별에 대한 연구보고

별(星)은 벼랑(別)의 소리 빌기였다
한 이름이었던 둘은 二별이 되어
하나는 성城이 되었고 또 하나는
낭떠러지로 태어났다
엇갈리는 두 개의 운석이 되었다

별을 부르는 순간, 푸드득
내 속에 살고 있는 새를 느낀다
마글론*에서 들려오는 목동의 노래
휘파람 언덕을 떠도는 청색 울음을
가장 정확하게 발음할 수 있는 것은
홀로라는 이름이다
마른 혀를 가만히 말아 올려
움푹 파인 앞니의 뒷면에 놓으면 내게도
깊은 벼랑을 떠도는 새 한 마리 살고 있다

마르지 않은 꽃잎 편지가
나를 꺼내 읽는 밤
별들이 나를 소리내어 읽는다
읽혀질수록 눈부셔

잘린 귀에 차곡차곡 호흡을 불어 넣는다

우리는 파열음이었다
부를수록 부서지는 마찰음
네가 만약 구개음이었다면 이토록 아프게
나를 파고들진 못했으리라
새벽이 오면 우리의 사랑은 묵음
어둠의 입술이 깜깜한 대지를
귀청 찢어지게 불러도
엿들을 수 없는 너
만질 수 없는 너

*알퐁스 도데의 '별' 중에서 나오는 목동의 별

유목의 피

사막의 노래가 들려요 그건 내 속에 유목의 피가
흐르고 있다는 징표 나는 사막의 언어를 버리지 못했어요
자막도 없는 콘크리트 땅에서 모래로 변한 기억 하나가
조상이 버리고 간 거대한 내륙에서 오래전에 지워진 천막을
말해주었어요 오아시스를 찾다가 어디에다 집을 지을지 몰라
말 잔등 위에 집을 지은

양들이 떼 지어 몰려왔어요 초원에 이른 걸까요
구름은 양 떼의 털을 깎아 좁다란 통로를 만들고 하늘은 이내
내 등 뒤로 쏟아졌어요 혼자라는 사실에 쭈뼛 머리털이 섰지만
초원은 지나간 것들의 기록일 뿐

말을 타진 않았어요 말은 내가 가야 할 곳에 이미 당도해
있었으므로 말의 엉덩이를 굳이 재촉할 필요는 없었어요
말 잔등 위에 집을 지은 사람들은
뒷모습만을 기억하겠지요 다시 혼자,

그래요 혼자가 좋아요 나를 발음하지 못하는 바람은
발음기호도 없는 나를 버리고 순양처럼 멀리 도망가고
벌판의 폐부 한복판에서 나는 시들지 않은

유목의 글씨를 보았어요
한 손에는 마유주馬乳酒를 들고 또 한 손으로는
코무즈*를 튕기면서
넓은 들판을 달리는 어머니,
대륙의 말발굽 소리에는 씩씩한 젖이 흐르고
어머니는 사막의 길을 내며 음악처럼 달렸어요
짐승 가죽으로 옷을 지어 입은 어머니의 맨발이
나의 등짝을 향해 힘껏 활을 당겼어요
굵은 징표 하나 등에 박힌 채
나는 그 넓은 벌판을 둥둥 떠다녔어요

*키르기즈인들의 악기, 세 줄로 만돌린과 비슷함

양구 가는 길

눈 내리는 강을 가로질러 그
마을에 가고 싶다
소외가 눈부신 곳
그림자 드리운 능선을 따라
단절이 부드럽게 익은 곳
불구의 계절을 몰락시키고
세 개의 계절만이 존재하는
고독의 경계를 향해
절규처럼 떠나고 싶다
오래된 찻집이 나를 기다리고 있겠다
낡은 레코드판에서 흘러나오는
음유로 찻물을 우려내는 곳
통통배 소리 물살 가르면
고적의 끝까지 나를 데려가 다오
떠나고 떠나면
슬픔도 달게 씹히고
비가 되어 삭으리니
빙하기와 겨울 그리고 여름
꽃씨를 모아
서러운 그늘에 뉘이고

풀잎의 숨결이 물처럼 저물어
작은 소리에도 귀가 열리는

내가 사는 계절

여름이 채 떠나기도 전
귀뚜라미 한 마리 싱크대 밑으로
스며들어 밤마다 운다 여름내
더운 국수를 끓여내던 부엌에는
귀뚜라미 울음이 앞치마처럼 걸려 있고
가장 어두운 곳에 뿌려진 울음 하나
나는 가을 옷을 입고
낙엽 밟는 소리로 밥을 짓는다
사르륵 사르륵 밥 짓는 연기에
마로니에 잎이 흔들릴 때마다
흔들린 것들은 울음을 가지고 있다고
이름 지어주면서, 깊어진 것들은
흔들린 사유라고 기록하면서 후욱—
저녁을 끈다
내 안이 환해진다 어둠 속에서
울음이 빛나고 있기 때문이다
세상 모든 울음은 들꽃을 닮았다
울음 중 어느 것 하나라도
나는 꺾지 않으리라
꽃잎의 수를 세던지 꽃잎

남아 있는 사연을 바람에 따라 적으며
울음의 이유에 대해서는 묻지 않으리라
여름의 귀퉁이를 갉아 먹는 벌레 소리에
맑은 저녁상을 차리는 밤
나는 아무도 없는 계절에
살고 있었다

해피엔딩이 좋아

시나리오를 쓴다는 것이 오호라 살인의 추억을
떠 올리는 일이었다니 그런 적 있었니?
환장하도록 검은 밤을 부드럽게 애무한 적,
무색이 이토록 견고하고 달콤할 줄이야
희·로·애·락을
욕欲! (배우가 정지된 시간 앞에서 옷을 푼다)
이라는 팔레트에 풀어 리얼한 그림을 그리는
센티멘탈 멜랑콜리 뭐 그런 것 말고 징~한 캐릭터
러시안 룰렛처럼 겁 없이 살다가 어느 순간 탕!
내가 쏜 총탄에 내가 쿨~하게 죽는,
경쾌한 볼거리 새디즘 마조히즘 누구도 다녀간
흔적 없는 고독이면 더욱 맛있어 끝없는 혼돈이
삶의 변수라니 찌그러진 골목을 걸어 나와
누구도 읽지 않는 영화 속으로 걸어 들어가는
사람아 너는 오늘 배우야 가장 고전적인 장르
화면 푸르러 꽃 튀어나올 것 같은 스크린에 억류된
바람을 지퍼처럼 풀어주는 신. 넘버. 완. 액션!
생애 가장 뜨겁게 사랑했던 기억을 떠올려 봐
나는 해피엔딩이 좋아

하프파이프*

별똥별이 깨어난다 억만 년 전 잠이 서서히 일어난다 파츠테노스 전생의 별자리에 반원의 꽃이 핀다 그것은 잠자던 먼지의 지지개다 수천 광년 우주를 떠돌던 별들이 재회다 하늘과 땅의 경계는 존재하지 않는다 천상의 별을 만나기 위해 나뭇잎 옷을 갈아입은 별똥별 오늘은 빗방울이 되었다가 내일은 화살이 되어 가장 높이 제 몸을 쏘아 올리지만 다시 제자리 그러나 이탈하는 자는 승리한다 잊혀진 소리를 받아 적는 것이다 반음의 갈채가 지상에 뿌려질 때마다 세상 밖으로 던진 환호들이 푸른 메아리를 타고 돌아온다

*U자 모양, 둥근 파이프가 반으로 잘린 벽에서 스노보드를 타는 스포츠 게임

알레그로 마 논 트롭포

어느 구름에서 왔는가
알레그로 마 논 트롭포
나는 너에게 망명했다
너는 도망 온 나를 느긋하게 안아 준 뒤
술을 넘치도록 부어 주었지?
흥!
나는 미친 춤을 춘다
우기의 별 속으로 투신한 이유는
두고 온 옷을 기억하고 싶지 않기 때문이다
거리에 걸린 사람의 머리
모형 악기에는 음산한 입술이 그려져 있다
너는 오늘 바순이다
바순?
흡혈귀 목구멍 긴 관을 따라
가장 낮은 소리
음흉한 묘사
내가 망명 온 곳은 미래다
과거다 천 마리도 넘는 돼지를 고뇌에
푹푹 삶아 시간에 발라먹은 인디언들이
시퍼런 작두로 해를 댕강댕강 잘라내고

작은 발견, 민요에 냅다! 도끼질을 하는 곳
목관아 목관아, 너는 누구와 밤을 보내고
이토록 해괴한 소리를 낳았느냐
온몸에 힘을 뺀다
그곳에서 나는 죽은 음표와 쉼표
야금야금 갉아 먹으며 산다
비바체 몰토 비바체
냉정하고 익살스럽게
교만한 시인들의 테마
뽀꼬 아 뽀꼬
조금씩 아주 조금씩 시간을 발라낸다
누구도 만나고 싶지 않다
속도의 멀미 외엔 아무것도 모른다
풍경이 쌩쌩 지나간다
여행길에 분만한 현란한 나비 떼
어지럽다 알레그로
제발
마 논 트롭포

뜯어 볼 수 없는 상자 속 풍경

밤새 눈이 내리는 동안 나는
흩어진 말들을 모아 손톱을 만들었다
길고 긴 손톱으로 눈과 눈 사이
천 리나 되는 가파른 골목을 후벼 파며
노란 등이 매달려 있는 동굴 속으로
미끄러져 들어갔다
시체처럼 분열하여 포개어져 있던 것들이
찻잎처럼 깨어나
밀고 당기고, 하얀 미로를 견디는 곳
동굴 속에는 고립된 가로등이
나를 기다리고 있었다
가로등에는 오래전 벗어던진 밧줄이
벌거벗은 인형의 목처럼 걸려 있고
뜯어 볼 수 없는 상자 속에는
내일아침 사람들이
잃어버린 발작을 연습하고 있었다
나를 관통한 활이 녹아버리는 날에는
눈이 왔다 문고리를 잡으려 하면 할수록
와르르 쏟아졌다
낡은 움막 비우는 소리

어제의 사람들은 길을 묻고 그들이 휘두른
삽은 연처럼 잔을 비워냈다
누군가 호흡을 불어 촛불을 껐다
젖은 안개가 걸어 나와 길 잃은 야생조들에게
먹이를 뿌리며 사라졌다
땅 밑에서는 모두가 만나 즐겁게 포박한 듯
창밖에는 낯선 봄이 서 있었다

외계인손 증후군

그가 도박에 빠진 것은
한 손이 거울을 보고 머리를 빗는 사이
또 한 손이 가위를 잡은 꼴이다
뭉턱뭉턱 가계가 잘려나가고
두 손의 불화에 아내마저 집을 나갔다
그에게 가족은 목숨이었다
표정마저 닮지 않으면
돌멩이 하나도 들 수 없기에
식솔은 사유였다
반역의 시작은 제 손이
제 손을 돌보지 않기 시작하면서
부터, 화투장에 불끈 힘이 솟는
주인이 바뀌어 버린 손
그는 이제
그런 오른손을 알지 못한다
구슬처럼 꿰였던 가족들이
툭! 여기저기 흩어져 나갔다
며칠씩 곡기를 끊고
화투장을 날리다 돌아오면
계절이 바뀌어

낯선 바람만이 오고 가는 집
한 손이 회개를 하면
또 다른 한 손이 그의 목을
비틀곤 했다

벼랑의 별

벼랑에 서 있을 때 별은 더욱 눈부시다
높은 절벽 앞에서
사람들은 먼 이름을 부른다
벼랑은 절망의 끝, 질펀하게 울고 난 뒤
새처럼 털고 비상하는 비련의 4악장

한 발을 낭떠러지에 내디뎠을 때
저 질기디 질긴 아우성을 보라
만질 때마다 피가 묻어나오는 균열의 시간들
그것은 상처를 만진 것이다
오래 비워 둘 수 없는
제 이름과 마주친 것이다

벼랑에서는 모두 소리가 된다
너도 소리가 되고 나도 소리가 된다
별빛 흔드는 삼나무 숲에서
스스로 묻는 자는 길을 찾는데

우리가 잃어버린 것이 들녘의 별이었던가

벼랑에 서면 하늘도 물처럼 깊어진다
제 몸에 홈을 파고 수렁을 내려놓은 사람들
막다른 골목에 홀로 서 본 자만이
메아리가 될 수 있다
거친 능선을 넘어
어둠을 흔드는 별이 될 수 있다

황홀한 역류

흩날리는 홀씨처럼 나도
이 생을 떠돌다 어느 숲 속
저녁으로 깃들지 모를 일이다
그 저녁에서 이름 모를 정거장
남은 기운을 불러내 엉킨
뿌리를 분갈이한 뒤 나지막이
육체에서 빠져나간 너에게
홀로 편지를 쓸지도 모를 일이다
죽음이라는 것,
이 얼마나 자유로운 도적인가
바람에 밀려가는 홀씨
황홀한 역류逆流를 보아라
날아오르다 멎으며
곤두박질치는 미색의 방망이
가늘게 입술을 떠는
생애가 접어놓고 간 이명 위에
신은 은밀한 가랑이를 벌려 맞아 주리니
동그란 추억과 네모난 기억들이
봄날 혹은
앙상한 겨울이라도 좋으니

아버지 무덤 앞
촘촘히 피어나는 자홍 할미꽃
누군가 떠난 자리에서 또 하나의 生이
그렇게 시작될지도 정녕
모를 일이다

그리움이여, 창밖에는 가을

그리니치 빌리지에서 브런치*를 먹고
당신 서성이는 계절로 떠나겠습니다
여름은 조금씩 살을 밀어 내어
창밖은 갈색 문장
그 속에서 점심을 시켜 먹은 뒤
아픈 다락 눈빛 주고받던
채 부수지 못한 다락방
지워지지 않은 저녁으로 달려가겠습니다
나뭇잎 어두워지면 상처 환해지고
두고 온 통나무집 한 채
두 무릎에 얼굴을 묻고
밤새 소리죽여 울던
그 야위었던 방
적요의 독백 속으로 걸어 들어가
불빛과 불빛 사이
문 하나 매달아 놓고
어둠을 뉘인 뒤
허드슨 갯벌을 돌아
그리움이여,
빈 계절 속으로

다시 돌아오겠습니다

*브런치 : 아침과 점심을 겸해서 먹는 식사

슬픔의 내용

1. 이耳
뒤뜰로 나가는 문을 여니
바람이 밀려온다
비어있는 것이 음이 되었다
소리의 귀 하나를 빌림으로써
비로소 나는 외로워진다
겨울 숲
나는 너와 같은 소리가 좋더라
마르고 말라 비린내를 날려버린
텅텅 비어버린 공터
여위고 싶다 그렇게
오래 앓다가 툭툭 털고
아침처럼 일어나고 싶다

2.목目
침상에서 돌아눕는데
등 하나가 서 있다
하얗다 너무 하얗다
오그라진 등燈
왜 그런지

빛을 등지고 서 있다
여명인지도 모른다
해가 지는 쪽을 향하여
고독한 참배를 드리는
참 많이도 읽어 내렸다
낯선 말투
눈도 뜨지 못한 새벽이었다

3. 구□
해켄삭 리버*에 나오면 마음이 편해진다
폐기유가 구름처럼 떠다니는 곳
강 위를 떠도는 우묵 오리들이
버려진 신발처럼 길을 찾는 곳
모빌 트럭 이국의 허기를 채우는
낡은 집 뒤로 하루 해가 진다
집들이 아프게 깃든다
세상은 침묵한다
그 침묵이 나를 찢는다
비로소 내가 열린다

4. 비鼻

아들이 어릴 적 쓰던 물건을
아직도 나는 버리지 못했다
아들이 쓰던 장난감에서 이상한 냄새가 나기
때문이다 그 냄새를 맡으면
밥 생각도 없고 잠 생각도 없다
고사리 같은 손에 공룡이 되었다가
로봇으로 변신하던 트렌스 포머**
그리고 작은 발들이 빠져 나간 신발들
오래 다녀간 적 없는 후미진 곳에
빈손을 넣어보면 냄새가 너무 가깝다
젖을 물린 뒤 트림을 시키면
아들은 내 한쪽 어깨 따스히 젖을 토해놓곤 했다
그 몽고반점은 아직도 지워지지 않았다
냄새 속에 아들은 밤늦도록 일에서 돌아오지 않은
나를 아직도 기다리고 있었다

*미국 뉴저지주의 작은 동네 강 이름
**이리저리 조립해 여러 형태를 만들 수 있는 장난감

夫婦

광부의 장화를 신고 보랏빛 갱을 건너 매몰된
당신 속으로 걸어 들어갑니다 불빛 하나를
위해 들녘을 쏘다니다 둥지로 돌아갑니다
빛나게 늙어 가는 기억의 파편들
딱딱한 강을 건너 야생의 벌판으로 던져진다 해도
두렵지 않습니다 소리 하나 쌓이지 않는 곳
이방의 지붕 아래 좁고 깜깜한 누옥, 당신과
나는 한겨울 길 없는 곳으로 쏟아져 내린 장대비
반쯤 써 내려간 하루가 애처로이 닮아 있는

비가悲歌 혹은 비가非家

네가 떠난 날 내 속에
강이 마르기 시작했다
사슴의 목을 닮은 내면의
방들이 부서지고
밤이면 혼자 울던 파도가
조금씩 가까워졌다
우리는 집이 없다
슬픈 노래를 씻고 씻어서
불빛으로 태어난 귀 없는 물고기
안 보이는 바람에 집을 짓고
내재율같이 얇은 가슴팍에
휘파람만이 들리는
음표 하나가 두꺼운 벽을 넘어
너에게로 가면 그제야 밤이 온다
마른 잎이 별 하나를 읽으면
소리 없이 네가 빛나고
어둠을 향하여 손 흔들던 바람은
은유의 강을 떠돈다
흩어진 것은 흩어진 대로
멀어진 것은 멀어진 대로

그늘이 모여서 소리가 될 때까지
사랑은 불구의 침묵이다

슬픔의 지문이 내 몸에 살고 있다

사랑이 아플 때 비로소
나는 사랑을 말한다
꽃잎처럼 바라만 볼 뿐 말 못함은
소유할 수 없는 이유
가질 수 없을 때
아프게 익어가는 사랑아
우리 한 시절만 아파하자
지금도 슬픔의 지문이 내 몸
어딘가에 살고 있다 지문은
계절이 가도지지 않아
시시때때 추억에 매달려 운다
그런 날이면 나는 아픈 꽃잎
홀로 들녘을 헤매다 늦은 저녁
해진 노을을 입고 돌아온다
놓아주리라
끝없이 탐닉하고
확인하고 싶어했던 거리에서
너를 풀어주리라
심장 박동 소리가
살고 있지 않는 먼 곳으로

나를 보내다오
사랑이 아플 때 소리 없이
너의 곁에 깃들리라

꽃의 기원

열매를 빼앗긴 가지는
꽃의 모양으로 돌아갔다
폐경이 되어버린 꽃의 자궁은
한 줌의 볕조차 삼키지 못해
그늘이 되어가고
부끄러움을 모르는 생식기는
종鐘의 모양을 닮아간다
하늘에서 뿌린 저녁이
깊어질 무렵 아무도
종을 치는 사람은 없다
껍데기 안에 살고 있는
종소리를 꺼내어
꽃이 들어간 자리에 대하여
말해줄 바람만이 어슬렁거린다
하나 둘 꽃말이 떨어진다 이제
떠났던 비들이 돌아 와 물고기처럼
흘러 다닐 것이다
목소리를 잃어버린 지느러미들이
맨발의 옷을 벗고
어두워질 것이다

2부 ⋮ 붉은 작업실

플로리다 오렌지

잘 익은 플로리다 오렌지를 보면 여고 3년을 쓰던 주홍색 지갑이 생각난다 교복을 입고 다녔던 무색의 시대에 서럽게 휘갈겼던 주홍글씨 지갑 속에 구겨 넣은 이름들은 아직도 바래지 않았다 지갑을 열자 크고 작은 웃음들이 쏟아져 나왔다 울음과 웃음이 맛나게 익어 시고 단 물이 터져 나왔다 우리는 동전처럼 흩어지고 만났다 지나가는 비에도 쑥쑥 가슴이 자라 수첩 한 귀퉁이에 지워지지 않은 것들 가끔씩 우리는 그것들은 뱅글뱅글 벗겼다 우리는 열매가 아니라 꽃잎을 먹고 살고 있었다

거미의 집

문 열어 저,
유령의 집 허물어
문지기는 나를 배반해
노크해
열리지 않아
이리 와
혀를 들추어 봐
싫어,
침묵에서 귀화한 문장들이
냄새처럼 쌓였다가
노예처럼 흩어져
손잡이도 없는 문
노크해
지문을 지워
윤기 흐르는 육체
두드려
불뱀 너울거리는 호피무늬
요 깔린 건반
울렁울렁
바람이 널어놓았나 봐

뒹굴고 싶은 걸?
그러지마,
토할 것 같은 걸?
물고기들의 노래
들려?
짓밟지 않을게
할퀴지도 않을 거지?
손을 줘
내 혼에 입 맞춰 줘
독수리 풍장된 고지의 물처럼
나를 안아 줘
솜사탕 같은 구름이 나를 삼키면
포효에 눈 먼 것들이
소리 없이 타락하고
소리 없이 지워질 거야

붉은 작업실
—앙리 마티스의 'Red Studio' 캔버스 유채

붉은 해마의 울음을 희석시켜 줄 수 있는 것은
빛뿐이다 이제 책상 위 종이천사에게
시침 없는 벽시계를 말해줘도 좋겠다
먹다 남은 얼룩 너의 슬픈 표정에
오래된 환부를 발라주어도 좋겠다
누군가 너의 등에 그림을 그리고 달아났다
생애와 생애가 몸을 섞다가 좁다란 의자 위
희고 검은 모형을 새겨놓고 떠났다
삶이란 평면에서 이루어진 소품 같은 것,
너와 나는 캔버스 유채처럼 아주 가는
선에 의해서 구분되어졌을 뿐이다
그것이 사랑의 속성이다
일그러지던지 뭉그러지던지
어긋나던지 혹은 이어지면서
분열되었다가 혼합되고 정체되었다
달아나는 色의 놀이인 것들
우리는 너무 많은 말을 해버리고 말았다
깨진 벽을 넘어 거울 속으로 들어가자
또 하나의 방이 나를 기다리고 있으리니
이제 그만 아픈 사랑을 놓아줘도 좋겠다

주홍 아틀리에
찢긴 등을 내걸며

나를 변명하다

겨울이 오자 내 안의 얼음이 녹기 시작했다
나비가 된 애벌레의 발이 나를 기다린 듯
입술을 벌릴 때마다
옆구리에서 물이 흘러내렸다
자꾸 기침이 났지만
나는 촉각으로 길을 더듬어 갔다
결빙에 대해서 이제야 알 것 같았다
문맥이 더 이상 나를 가둘 수 없다는 것
상상하면 가장 낯설게 울 때가
내 몸속에 빙하가 쌓일 때다
쌓인다는 것에 눈이 멀기도 했지만
발없는 새소리가 내 눈이 되어주곤 했다
눈 속에서 나는 새의 발목을 죽을 만큼 움켜
쥐곤 했다 그것이 망각의 이유였을까?
빈 것 같은 느낌은 누군가 다녀갔다는 어원이었으므로
그 말에 나는 자주 눈이 멀지만
어감을 말하기에는 네가 너무 얇았다
가끔씩 나는 겨울 옆에 누워
물고기가 벗어놓고 간 비늘의 말을 엿듣곤 했다
한바탕 눈이 내리고 난 뒤

며칠씩 다물었던 입술에 물기가 돌곤 했다
자정이 넘은 시각이었지만 허기에
나는 다시 수저를 들었다

벽과 감옥과 탈주

1. 비겁한 내 속의 모범수에게

네가 바로 감옥이다 누구도 너를 구속하지 않았지만 너는 간수와 죄수의 1인 2역 모범수로 늙어간다 부디 문제수가 되시길, 감옥에 불도 지르고, 동료죄수들과 멱살잡이도 하면서 깜깜한 지하 병동 밤새 손가락에 피가 나도록 구멍을 파다 발각되어 고독한 몽상가로 태어나시길, 고립과 갈등에 벽이 무너진다 벽이 무너지는 순간 형이 면제된다 위험한 종신형 위태로운 것은 아름답다

2. 네 속의 찬란한 씨앗에게

사는 것이 옥살이라면 탈주하는 방법에는 발아라는 변용이 있다 자신이 만든 투구를 녹여버리고 유쾌하게 변질되어가는 행위 그, 놀라운 춤으로 우리는 새가 되기도 하고 꽃이 되기도 한다 꽃은 피어난 것이 아니라 찢어진 것이다 오, 눈부신 상처의 힘이여 우리는 날개의 전신이었던 것이다

3. 눈부신 알몸의 욕망에게

오류라도 좋으니 맘껏 살고 싶다 가식과 편견을 벗어던지고 감정에 충실해지고 싶다 나는 본시 먼지였다 꽃잎보다 가벼워 그 어떤 것 하나도 품거나 소유하지 못했다 바람보다 자유로웠다 그러나 욕망이라는 돌을 줍기 시작하면서 나는 무기징역수가 되었다 꿈은 고립에서 시작된다 감금의 시초요, 탈주를 꿈꾸는 알몸이여 그것이 내가 사는 사유다 소통의 마비에서 나를 건진 것은 욕망이다 그러나 탈출을 위하여 필요한 것은 꿈이다 탈주와 욕망의 이중주 나는 생산적인 욕망에 목마르다'나' 라는 벽에 끊임없이 도전하고 부딪치고 낙태해 버리는 아름다운 예식에 나는 갈증한다

4. 탈주를 위하여

은밀한 처형보다 공개처형을 원한다 내 잘린 목을 저잣거리 한복판에 매달아 놓고 욕심을 증언하라 마지막 독백처럼 나는 맨발이다 맨발의 영역은 어떻게 부수느냐에 따라 무한대로 변한다 광활한 벌판에서 나는 별이다 먼지였던 기억에, 안 보이는 흙의 나라에 대한 기억에 날개를 털며 올라가는

용도변경

하모니카를 불듯
옥수수에 입술을 가져대자
저만치 매미가 운다
아작아작 씹히는 맛에
남은 여름이 달다
이빨이란 그런 것이다
잘 익은 음식을
상큼히 베어 먹거나
적어도 요망한 혀를
가두었어야 했다
더 이상 이빨은
씹는 것이 아니라
물어뜯기 위함이니
피가 흐르는 스테이크를 보면
고양이 발톱이 되는 이빨을
튼튼해서 좋다고들 한다
악랄한 것을 사람들은
맛있다고 바꿔 말하며
순해야 할 부위가
톱니가 되었다

연한 채소를 순하게 먹는
이빨을 보고는
심심하다고들 한다
질기디 질긴 고기 덩이를
질겅질겅 씹어 꿀꺽꿀꺽 삼키면
그제야 이빨이 제 구실을 한다고
흐뭇해들 한다

납골당 분양사업 설명회

50평 아파트도 좁다던 네가
손바닥만 한 서랍 안에서 웃고 있다
잘 도착했구나
무엇인가 문 앞에서 서걱거린다
그러나 편안해 보인다
한 평도 안 되는 집을 분양받기 위해
가발장사 물장사
안 해 본 것 없더니
아들에게 큰 집 하나 남겨주고
손바닥만 한 집 한 채
겨우 아들 이름으로 분양받았구나
살면서 옷깃 한번 스친 적 없는
새 동네 이웃들이 좋기는 한 것인지
웃고 있는 것을 보니
천국이 분명하구나
안방은 있니?
화장실엔 물이 잘 내려가구?
돈 달라고 조르는 자식 없어서 좋겠구나
크고 멋진 집,
딸로 돌아가

옷 달라 집 달라 밥 달라
어린아이로 돌아갔겠구나
성공했구나
더 이상 늙지 않겠구나
남는 장사구나

발밑인人

개미 한 마리 제 몸보다 큰
과자 부스러기를 나르다
작은 구멍 속으로 들어간다
들여다보니 울퉁불퉁
산이 있고 낭떠러지도 있었다
발밑인들은
빛을 만들지 못했나 보다
해 아래 온종일 일하면서도
소리 하나 만들지 못했나 보다
좁다랗고 작은 골목에 어둠이 오면
발밑인들의 집은 온 우주다
운동화 위로 벌레가 기어오른다
발을 떼려 하니
혼신을 다해 도망을 가는 벌레들
한 보폭도 누군가에는
굴러 떨어진 바위가 될 수 있다
낙심될 때 왜 땅을 보는지 알 것 같다
외로울 때 왜 하늘을 보는지
알 것 같다

곡비哭婢*

가쁜 숨을 내쉬던 하늘이 목을 놓아 울기 시작했다 후드득 빗방울에 주저앉은 어둠이 하나둘 스러지자 거룩한 내통을 시작한 장대비 내가 시와 씨름하는 사이 젖은 페이지를 읽고 있었다 목마른 문장들이 가파른 언덕을 뛰어 내려 축축한 땅 위로 곤두박질쳤다 은밀한 유서에는 거대한 바다가 그려져 있었다 바람은 왜 한쪽 눈으로만 우는 것일까? 발자국 하나가 어둠의 맨 앞에서 휘파람을 불며 지나갔다 메마른 대지를 끌어안고 끝없이 말을 잇는 저 온전한 시 한 편 나 대신 울고 있는 네가 시인이다

*哭婢 : 장례 때 행렬의 앞에서 대신 울게 하던 여女종

늦은 진단서

대학에서 심리학을 전공한 아들이
의과대학 졸업 후 정신과의사가 된 것은
순리였다 아들에게 나는 늦은 환자

미친사람은없어요감기에걸린것일뿐

혼魂에도 감기가 있었던 게로구나
그런 적 있었다 변형된 장기처럼 머릿속이
어지럽게 닫혀 저녁이면 머리를 기대고 벽
바깥쪽에서 들려오는 소리에 귀를 기울였던
세상이 모두 '밖' 이었던
웃음도 울음도 이방에서 낳은
너희들까지 콜록콜록 기침이었던
추웠던 너무 추웠던

엄마는아직도기침을하고있는걸요

몹쓸 기침이 아직도 멈추질 않았구나
머지않아 구름이 되겠지
아직도 나는 가끔씩

헛구역질을 한단다
이상하지?
격렬한 기침을 하고나면
굳었던 근육이 분리되고
마른 유두에 젖이 흐르는구나
흐르고 있는 짜릿함

모든것이아득해질거예요

주사를 놓은 게로구나 돌아가야 할 텐데
너를 낳은 날도 이렇게 목이 말랐지
영어 속에서 한국말을 낳고
더운 몸을 씻어 내렸어
이제 그만
무겁고 낡은 옷을 찢어다오
나는 감기에 걸린 것뿐인 걸

달력 거꾸로 뜯기

서울역 앞
57번 버스를 기다리고 있었다
구멍 뚫린 토큰 속이었다
청파동 언덕배기 중간쯤
학교 올라가는 길에서 내렸다
두 갈래 길이 하나로 만나는 길목
운채다방 낡은 지하 계단을 지나
하얀 문을 밀고 들어갔다
장발머리디제이는아직도
똑같은음악을틀고고장난턴테이블처럼
나를향해손을흔든다
신청한 음악들은 존재하지 않는 것들이었다
악보들은 찢겨져 깃발처럼 휘날리고
나는 시간의 등 뒤에 종이를 바치고
하루 종일 긴 편지를 쓴다
디제이는주인떠난엽서를
음악처럼읽어주었다
색바랜사진위로
주홍색공중전화부스가보였다
전화기를들자

전화기 속에서 빗소리가 흘러 나왔다
젖은 별 하나가
먼 들녘에 던져지고 있었다

겨울정물
—In the wintertime

오후 2시 라디오가 꺼지고 거리에는 신호등이 마지막 音처럼 켜졌다 오른발이 무의식적으로 브레이크를 밟자 두 귀에 신호등이 환하게 켜졌다 자몽 씨보다 붉은 불빛 그러나 아무것도 들리지 않았다 기억의 볼륨을 높여도 떠나온 시간은 만져지지 않았다 낮게 볼륨을 죽이면 지나왔던 정거장들이 울기 시작한다 한 손에 커피를 들고 신호등을 기다리던 여자가 후루룩 적색 불빛을 마셔주었다 해빙된 차들이 일제히 거리로 흩어졌다 소리가 궤도를 벗어나기 시작한다 스멀스멀 라디오가 켜지고 밀려왔던 것들이 초록 신호등 속으로 빨려 들어간다 빛이 찢어지면서 무늬가 되었다 구름 사이로 계절이 조금씩 열리곤 했지만 우리는 이미 취객 이, 미친 주막을 벗어나지 못할 것이다

암호해독暗號解讀

보내주신 이 메일
잘 받아 보았습니다
아쉽게도 글자가 깨어져
읽을 수는 없었지만 나는
생애 이보다 멋진 편지를
받아 본 적 없습니다
이제 나의 시가 한층
간결해질 것 같은 예감입니다
글자가 글자를 탈출하고
시가 시에게 주술을 건
불립문자 깨어지고 깨어져
본래의 모습으로 마모된
제3의 언어
클릭하는 순간 나는
이미 내가 아닙니다
어차피 암호 없이는 그 어떤 곳도
들어갈 수 없는 세상이므로
더 이상의 해독은 필요 없습니다

일과 싸우고 집에 돌아 온 날

일에서 싸우고 집에 돌아 온 날에는
맵쌀한 음식이 입에 당겨, 땡겨 혀를
이리 저리 잡아당기고 휘휘 돌려주는 매운 맛이
시간에 뭉친 근육들을 주먹처럼 충동질해
미국인 동료와 잉글리시로 언쟁하고 집에 돌아 온 날이면
이상하지? 붉은 색만 보아도 입에 침이 고여
날 선 갈증은 고추장도 모자라 혀 끝 아린 할라피뇨*
잘게 썰어 넣고 희디 흰 쌀떡과 시뻘겋게 버무려 먹으면
출신도 알 수 없는 부스러기들
내 속 어딘가엔 매캐한 성분이 둥둥 떠다니고
나는 남영동 굴다리 어디쯤 호흡을 가눠
너, 작은 고추 맛 좀 볼 테야? 매워진 모국어
그건 내게 술이야 얼얼하고 몽롱한 잔
시뻘겋게 버무린 것들을 원 샷! 들이키면 톡!
쏘는 맛이 나의 꼬부라진 내장을 쪼르르 훑어내고
아직 덜 꼬부라진 혀에서는 눈물이 차올라 목구멍까지
차오른다구 불콰한 하늘 노을의 눈언저리도 매운데
매운 맛을 뜨겁다고(Hot) 말하는 사람들아
너덜너덜 달이 뜬다
맵게 씻긴 혀가 내일이면

다시 펄럭이리니 나는 빨래
어둔 저녁에 널려 있다

*히스페닉들이 즐겨먹는 매운 고추

잭키Jackie의 性

사무실 문을 열자 애프터 셰이브 냄새가 진동을 했다 월요일 아침 코끝으로 밀려오는 잭은 늘 신선했다 문틈 사이로 잭이 결재를 하고 있었다 오프 블랙양복 소매 밑으로 삐져나온 흰 와이셔츠가 비통했다 절대라는 말이 봄여름가을겨울 어느 계절도 아닌 것처럼 그의 成은 미열 중 월요일 아침이면 잘 닦인 구두가 그를 수갑 채워 온다 지난 주말 남친과 그리니치 빌리지 게이 바에 다녀왔다는 잭, 입술에 지워지지 않은 립스틱이 브리핑이다 그에게 性은 달지도 않고 쓰지도 않았다 그, 成을 동료들은 수군거렸다 그를 혀 위에 올려놓고 아작아작 단물을 길어 올렸다 그가 입은 남성이 완벽할수록 사람들은 입에 거품을 물었지만 그럴수록 그의 性은 단단해져 갔다 그의 안의 여자가 그를 부수고 넘어온 날 그는 붉디붉은 생리를 했다고 한다 더블 버튼 양복을 갈기갈기 찢어발기고 한쪽 어깨 끈이 흘러내리는 블랙 이브닝드레스를 입었다고 한다 네온사인 거리로 뛰쳐나가 하늘을 보고 소리쳤다고 한다 '나의 이름은 잭이 아니라 잭키' 처음 남자와 키스했을 때 재즈 바 마룻바닥에 구겨져 지렁이처럼 구역질을 했다는 잭 그, 사탕 같은 구역질이 지금도 유효한 것인지 그는 지금도 남자를 벗고 여자를 입는다 성을 벗을 때 그의 뺨은 붉어진다 그의 이름은 잭키다 잭Jack과 재크린Jacklin도 가능한,

그의 등 뒤에서 잭과 재크린이 뒤엉켜 울고 있는 것을 본 뒤 나는 손에 쥐고 있던 돌을 내던져 버렸다 누구와도 화해하지 못한 그의 性이 파랗게 묶여 끈처럼 울고 있었다

듀엣

—Das vögelchen / 작은새 *

아우프 비더제엔aufwiedersehen!
바이올린이 거문고 소리를 낼 때까지
고양이는 날고 새는 악보에 빠지고
시간은 너훌너훌 우리는 난장판
피치카토에 바이브레이션 바이브레이션에 피치카토
삐그덕 문이 열리자
물고기가 빨간 하늘로 날아가요
*아끼꼬**의 가녀린 손가락이*
오래 기다린 악기의 머리칼을 애무해요?

간주 : 고양이 한 마리가 뚜껑 열린 피아노 속으로 들어간다

*리나의 정원***에서*
노랗고 빨간 장미가 튀어나와요
하루에도 열두 번씩 밀려왔다 밀려가는
그 속에서 활이 튕겨져 나와요
가엾은 마에스트로
당신의 제목은 '피리'
플루트가 대금소리를 낼 때까지

바이올린을 거문고처럼 연주해요
첼로를 하모니카처럼 불어요
때리고 찢고
갖고 싶은 여자처럼

새는 죽지 않았어요

* Das vögelchen / 작은 새 : 윤이상이 외손녀 리나 첸을 위하여 쓴 바이올린 곡 '리나의 정원' 에서 5개의 소품 중 한 곡

** 아끼꼬 : 윤이상의 곡을 가장 먼저 연주한 일본인

*** 리나의 정원 : 윤이상이 외손녀 리나 첸을 위해 작곡한 바이올린곡

결혼기념일

우리, 다시 결혼할까? 까르르 웃는 나에게 그가 꽃을 내민다 28년이나 함께 살았으면서 또 무슨 결혼? 바람을 움켜쥐고 있는 꽃이 내게 와 말했다 우리, 거기까지 뛰어 갈까? 그는 걸어가자고 하고 나는 뛰어 가자고 한다 케이크 분홍 촛농이 지나온 시간 위에 떨어지고 저녁이 왔다 나는 조금씩 어두워지는 그의 등 속으로 들어갔다 그가 주름을 벗고 있었다 등에 쓰인 깨알 같은 글씨들은 나만 읽을 수 있다 손 좀 이리 줘 봐 낡은 그의 손을 두 뺨에 가져다 대니 눈물이 차올랐다 낮게 젖은 눈 속에서 그는 내 어둔 이마에 촛불을 켜고 있었다

나팔꽃

해가 중천에 뜨기도 전
그녀가 벽을 타고 올라갔다
긴 관을 지나 웅덩이를 찾은 것이다
생과 생을 이어주는 유리 교각
꽃잎 속으로 들어간 그녀
암시가 풀린 꽃 속은 명징처럼 환했다
간결한 문장에 점이 찍혀 있다
꺼진 동공 속에서 손잡은 아이들이 흐느낀다
방금 벗어 놓은 껍데기
채 감지 못한 그녀의 눈에서 눈물이 흘렀다
꽃 밖 이름을 지우고
꽃 속으로 달아난 그녀는 복엽을 삼켰다
비릿한 어제가 겹겹이 달려들어
남은 체취를 핥아 먹고 있었다
작은 여행 가방 하나 없는 내일
웅덩이마다 코드가 빠져 있었다
엉킨 선에서는 알 수 없는 곡들이 흐르고
열린 문 사이로 꽃의
그림자 하나가 접수된다
소통을 접기엔
그녀의 손이 너무 뜨거웠다

3부

손가락에 박힌 가시를 뽑으며

귀먼자(KIMEUNJA)

공항에서 잃어버린 두 개의 이민가방이 도착한 것은
미국에 도착하고 육 개월 후, 동네 간이우체국
찌그러진 깡통 이민가방이 내 발 앞에 놓였을 때
이름표에는 이름이 반쯤 지워져 있었다 사람들은 나를
KIMEUNJA 귀. 먼. 자.로 불렀다 운명 같은 해독 이후 나는
귀머거리가 되었다 모국어가 목마른 날이면 먹먹해진
귀를 홀로 만지며 대숲을 뒹구는 사람들 틈 속에서
지퍼를 열면 붉은 울음이 빗방울처럼 매달려 있었다
이민 올 때 엄마가 사준 꽃무늬 원피스는 아직도
한쪽 팔이 꺾인 채 옷장 한켠에 박제처럼 걸려 있다
귀머거리의 속성은 엷게 떨다 눈을 잠가버리는 것
겨울에 떠나 여름에 도착한 개화를 모르는 그리움
깊숙이 손을 넣으면 이민 올 때 언니가 사준 벙어리
장갑이 딸려 나온다 귀가 멀면 입도 멀어지는 법
이국異國은 명치뼈 아래께 느껴지는 통증 같은 것
흰 편지에 봉인된 얼굴들을 넣고 돌아서는 색색色色의
사람들 발음 틀린 소통이 오래 아프다

소리에 깃들다

아버지 묘지를 다녀 올 때마다 생각한다
사람 사는 일이 저렇듯 고요하다면
애달픈 일이 없겠다고
무덤의 비문이 문패라면
삶은 구천을 떠도는 것
묘화墓花 꽃잎 위로
매운바람이 울고 간다
아버지는 아직도 나를 위해
한쪽 발 지긋이
소리를 조율하고 계셨다
견디지 못하는 것은
죽은 자가 아니라 산 자들이다
생명은 무채색
보드라운 죽음
낯익은 아버지의 목소리가
나를 소리 속으로 밀어 넣으신다
장난감 모빌처럼
해지는 산을 내려온다
길가 유모차에 아기가 잠들어 있다
작은 귀가 대지의 소음을 삼킨 채

새근새근 잠들어 있다
섬뜩한 고요,
소리에 깃든다는 것은
저렇듯 어두워지는 것
안과 밖이 만나
끝도 없이 적막해지는 것이다

손가락에 박힌 가시를 뽑으며

손가락에 가시가 박혔다
용을 써도 소용없다
뽑으려하면 할수록 깊숙이
파고드는 가시
살이 될 때까지 기다리라 한다
한 몸으로 받아 들여야
독을 버리겠다고 한다
그러고 보니 내 몸에서
이물질이 아닌 것이 하나도 없다
피도 살도
처음에는 내 것이 아니었다
그것들은 앓고 또 앓으며
내 몸이 되었다
작을수록 뽑기 어려운 가시
언제부턴가 바늘귀가 희미해지더니
아들도, 딸도
멀리 보아야 제대로 보인다
가까운 것을 거부하는 것이다
그것이 내 몸의 가시를 뽑는
유일한 방법이다

사슴의 목도 멀리 보면 그리움이고
아픔도 멀리 보면 넉넉하다

수천 개의 입

소호의 사람들은 피아노를 치면서도
먼 노래를 부르고 싶어 하지요 데니가
시 한 편을 읽고 무대 위를 내려왔어요
재즈 바 구석진 곳에서는
보헤미안 친구들이 문학을 논하고
케빈은 십 년 전이나 지금이나 똑같은 모습으로
콘트라베이스를 밤처럼 뜯고 있네요
어둠의 절대 깊은 곳에서 킥!
웃음이 터져 나왔어요
음악이 없었다면 케빈은
이 세상에 내려오지 못할 비였을 거예요
손가락 끝으로 어둠을 건드려
느린 뱃살에서는 끈끈한 리듬이 흘러나오고
빌리지에 멈춰버린 빨강머리새들
미쳐 나도는 스윙 리듬,
6월의 장미는 소호의 벽을 뛰어 넘었어요
쎌리는 도시의 냉소를 모두 끌어올려
짙고 푸른 담을 쌓았어요
여름의 도발적인 혀가 그녀의 금발을 흐트리고
누군가 그녀의 목덜미에 소금을 뿌렸어요

서서히 핥기 시작했어요 제니,
어서 모자를 써요 마모된 것들의 소통
버스를 타야 해요 뉴욕을 가로질러
뉴저지 트렌짓*에 오르면 수천 개의 입
장미에서 제라늄
붉은 의자로 건너가야 해요

*뉴저지 트렌짓 : 뉴욕에서 허드강을 건너 뉴저지로 가는 버스

씨

내가 노래할 수 있었던 것은
기억의 끈을 놓지 않았기 때문이다
기억이라는 행위,
내게 찾아와 아주 조금씩 울고 가는 무덤,
고백하건대
내 귀에는 환청이 살고 있었다
떠나온 광장에서는
누군가 끝없이 흐느끼고 있는
나는 나비,
문신을 버렸다
한 줌 별을 삼키며
소리의 끝을 모았다
홀연히 사랑했다
城이었다 山이었다
보이지 않는 떨림이었다
내가 다시 북을 칠 수 있었던 것은
저 멀리 물들어오는
너를 보았기 때문이다

명기名器

바이올린을 잡는 순간 사람과 악기는 한 몸이다
로키산맥 해발 3천 미터, 더 이상 산림이 자랄 수 없는
수목한계선에서 소리를 훔쳐온 악공이 연주할 때 눈을 감는
것은 그 공인된 도적질을 묵인해 주는 것이다 공범의 댓가는
소리를 찾아주는 거룩한 예식에 함께 동참하는 것이다
비바람에 단 한 번도 무릎을 세워 본 적 없는 가문비나무에게
생명이 있는 것이라면 모두 불러내어 내게 데려와 달라고
죽음이 없었다면 누가 저 비명을 거두어 가겠느냐고
죽음을 연습한 자만이 빛나는 생명을 꿈꿀 수 있다고,
피 흘린 것들은 모두 공명이 되어 있었다

아침 스타카토

콩! 제니퍼가 버스를 오른다 데니스/ 캐롤라인/ 영희가/ 색색의 우산을 접고 콩! 콩! 아침을 뛰어 오른다 네모난 버스 속에서는 햇살이 볶아지고 사람들은 콩! 콩! 콩! 낯선 그림자 속으로 들어간다 버스운전수가 급브레이크를 밟자 발뒤꿈치에 힘을 주고 멈추는 연습을 하는 버스 속 사람들 빨랫줄에는 깨진 물방울들이 대롱대롱 매달리고 정거장에는 희고 검고 노란 빗방울들이 떨어진다 빌딩 속으로 골목 속으로 뿌연 비눗방울 속으로 네 속으로 내 속으로 잡을 수 없는 무지개 속으로 콩! 나에게서 콩! 콩! 가슴으로 손으로 등으로 제이슨이 뛰어 내리면 순희야 콩 !콩! 콩! 일터로 향하자 짧게 튀어 올랐다가 이슬처럼 스러지는 맨하탄의 아침

무균실 병동

누군가 나를 검은 캐딜락 안으로 밀어
넣었다 창문도 없는 팔뚝에 미세한 바늘을
밀어 넣으며 히히히 웃는데 아슴아슴 멀어지는
어머니, 혈관을 타고 잉글리시가
흘러들었다 아프진 않았다 포도주처럼
취해가고 이내 잠이 쏟아졌다
잠이 들자 푸른 막이 올랐다
희미한 비닐 병동에 격리된 나는
바이러스였다 꿈틀꿈틀 나는
광대였다 울음이 웃음 같고 웃음이 울음 같은
분별없는 희곡의 광대.
사람들은 나를 엘렌Ellen이라고 불렀다
줄무늬 죄수복을 입은 사람들이 창살 속
이름을 부르며 손을 흔들었다
하얀 시트가 깔려져 있는 곳
꿈틀거렸다
꿈이었을지도 모른다고, 귀엽고 앙증맞은 악마가
글쎄 투명한 유리성에 나를 가두고는
적막 하나로 고막을 발기발기 찢어내는 곳
영어로 잠꼬대가 들리고 가슴 한켠에서는
붉은 피가 철철 흘러내리는

시 쓰기

배가 고플 때
웃음과 울음은 같은 어원이 된다
같은 어원 속에서
눈물은 글로 읽힌다
그 울음에 답장하고 싶을 때
콩나물과 찢어진 책갈피
풀어진 운동화 끈
엉킨 실타래
냄새나는 옷
금간 그릇
나는 왜 또 말싸움에서 이겼을까?
안 보이게 졌을 때
사람이 칼보다 예리하고 아플 때
벽과 무덤과 서랍이 부드러울 때
나는 한 손가락으로 치는 피아노
거울 속과 거울 밖에서
얼룩과 무늬의 혼돈
바람이 침묵할 때 그,
침묵으로 고막을 뜯어낼 때
누군가를 외로워할 때

무모함에 목매달고 싶을 때
깜깜하게 타오르던 불씨가
어둠을 핥아 내릴 때
쓰지 하지 말자 하나 둘
지워가자

웨스트 사이드 스토리West Side Story

1.
바스키아*가
낙서를 하고 도망갔어요.
벽과 벽을 부수고
노예들의 호보 기호
혈서를 남기도 달아났어요
암호들은 은밀하고 위험할수록 눈부셨어요
별자리 구멍 속으로 검은 고양이가
퐁당! 빠져 들어갔어요
허무한 총구 속으로 이름 모를 햇살들이
밀려들어가 열차 소리가 밖으로 밖으로 들렸어요
도무지 떼어낼 수 없는 낙서들
안으로 빛을 모으는 뒷골목의 부랑자들
도구와 용도를 알 수 없는 아침이었어요
어둠이 이탈한 자리에
사람들은 해를 들어 낙서를 했어요
비통한 음악이 그려졌어요

2.
통통배를 탔어요 할렘 리버를 지나 브롱스 파크웨이 쌩쌩 달려 소양강 댐을 건너고 시골마을 시장통 이 층 찻집까지 물고기 뛰노는 어항의 유리를 보며 립스틱을 고쳐 그렸어요 마리아가 되고 싶었어요 긴 생머리에 꽃무늬 헤어 밴드 잘록한 허리까지 늘어뜨리고 짧은 미니스커트 거리를 활보하는, 뭇 남자들의 눈길 소나기처럼 맞으며 찻물 담긴 보온병을 들고 음악처럼 걷고 싶었어요 검은 가죽점퍼 오토바이를 탄 청년이 휘파람이라도 불면 그 등에 매달려 뜨거운 마마를 앓고 싶었어요 밤이면 마스카라 까만 눈물 흰 이불 위에 뚝뚝 떨구는 무모한 반 지하방 순풍순풍 애를 낳아 기르는

3.
바스키아가 또 낙서를 하고 도망갔어요
이번에는 열차
달리면 순하게 눈을 뜨는 기차의 낙서들
따! 따! 따!
총알 같은 어둠을 던지고 달아났어요
낙서는 부랑자들의 타악기였어요
검은 캔버스 위에 아크릴릭 유성 크레용
휘휘 뿌려대는 종이 꼴라쥬
구겨진 기억들이 펄펄 살아 오르고

벽에 갇혔던 사람들이 하나 둘 나를 관통하는
오, 가볍고도 자유로운 이 폭로의 질감,
숭덩숭덩 해를 오려내고 여기 커피 한 잔,
아메리칸 스타일로 낙서는 아침을 리필해 주고
도시 끝 쪽으로 밀려났어요
고독의 실내악은 돌아오지 않는
말발굽 소리였어요

*뉴욕 브롱스 출신 팝 아티스트 거리의 낙서가

사춘기

언젠가 너는 내 혼魂과
놀다간 적 있다
생애 서러운 구절 어디쯤
잠시 멈춰선 호흡과
질펀하게 논 뒤
떠나간 적 있다
나는 그런 네가 외로워 좋았다
꺼질 듯 꺼질 듯 어두워지다
용솟음치는 빛과 별 사이에서
음악과 아득함 사이에서
떨림과 무던히 뜨거움 사이에서
흉내 내지 못하는 표절들이
우리는 왜 그리 사랑스러웠을까
자고나면 발긋발긋 돋아나는 여드름에
하루에도 수십 번씩 날려보는 자살폭탄
죽었는 줄 알았는데 바람만 불어도
펑!
울음인 줄 알았는데
애써 참았던 웃음

파가니니카프리스
—For Violin No.22

갉아먹기
맹렬히 쪼아 부수기
어둠보다 견고하게
맛있고도 발랄하게
쥐가 되기
두 개의 앞니로
무색이란 무색은
모두 갉아내고
한쪽 발꿈치로는 소리를 밟고
또 한쪽 발꿈치로는
유색의 통로를 만들기
갉아내면 분뇨가 된다
호흡하는 모든 것들은
반란처럼 애절하게
결핍으로 절박을 만들기
진공이 되기
조금씩 아주 조금씩
나는 부스러기
어둠이 쓰러진 공터에
미세한 빛 하나

그 벽을 타고
주르르
흘러내리기

환절기

산꼭대기로 달이 걸어 올라갔다
해가 능선을 따라 미끄러져 간 길
달과 해 사이를 바람이 흐트러뜨리자
느닷없이 비가 왔다
붉은 우산이 하늘에 떠 있다
사람들은 우산 아래서 또
하나의 우산을 쓴다
우산 아래 겨울이 가고
겹겹 여름이 매달린다
번지 없는 주소 속에서 사람들은
피지 않은 열매를 따먹으며 연명했다
어떤 이들은 하루 종일
자두밭 같은 하늘에 대고 기침을 한다
기침소리에 덜 익은 열매들이
아스팔트 위로 떨어진다
세상이 온통 푸른 멍이다
아이가 하늘로 뛰어간다
바람은 그 찢어진 발가락들을
붉게 지운다
누군가 산꼭대기에서

미끄러진 달은 잡아왔다
축구공 같은 달을 하늘에 차기도 하고
제 몸 주위를 빙글빙글 돌리기도 한다
오수에 잠든 휘파람새가
또 다른 계절을 물고 서 있었다

어떤 출구

가을 산, 어머니의 젖무덤 새
발톱 끝으로 아주 조금 스쳤을 뿐인데
울음 하나 쏟아져 나왔지 거기에는
너무나 많은 소리 살고 있어 어떤 무게
또 그로 인해 열리는 발상
낙하는 투신이었어
창백한 편지를 읽었어
변신은 왜 거울 속에서만 이루어지는 것인지
펄펄 뛰는 사이렌 소리
흘러가서 돌아오지 않는 은유
구역질 같은 여름 곤충들
부글부글 끓는 물같이 상큼한
가랑잎 그, 기분 나쁜 브레이크
균열을 만지면 짓물러
머큐로크롬으로 나를 닦아줘
물든 나를 달래줘
싸한 외로움 그 징그러운 통증 앞에서
오래 매달려 있었노라고
작고 좁은 폐부에 속삭여줘
눈을 열어 봐

왜 자꾸 삼키는 거야
네 속에는 너무도 많은 소리가
살고 있는 걸

여름 나이테

여름이
나이를 먹네
신록에 어두워진 그늘
바닷가 모래성
추억에 편지하듯
여름이
지워진 나이테를 그리네
멀리서 아픈 것들이 밀려오네
뜨거운 바람에 일어서는 다알리아
안 보이는 가을 속
꽃 질 자리 붉게 신열하는
내게도 잎 진 자리 있었던가
쓸쓸한 눈매
여름이
홀로 나이를 먹네

불새
-씬 # 49

노래를 부른 것은
새가 아니라 바다였다
누이야 저,
노을 속에는 빨간 새가 살고 있나 봐
누이는 심해深海를 건져
수평선에 넌다
어서 집으로 돌아가야 해
아이가 지평선을 향해 걸어간다
끝이 보이지 않는 들녘 위
해는 붉게 눕고
그림자는 하얀 숨을 고른다
누이야 저,
노을 속에는 빨간 새가 살고 있나 봐

저녁이 나를 바래다주다

서둘러 쌀을 씻는다 아직은 환한 저녁을 문 밖에
세워둔 채 나는 밥을 짓는다
저녁이 집으로 바래다주었다 나는 저녁밥 대신
커피를 끓인다 밥통에서는 불빛이 새어나오고
커피포트는 커피를 뜸들인다
느닷없이 흙 묻은 발에서 연기가 피어올랐다
달력 위에 잘 익은 침묵이 노을처럼 서 있는 저녁
그 저녁이 넌지시 나를 바라본다
저녁이 익어간다 그러나 아직은 밤이 아니므로
밥을 먹고 신문을 보고 습관처럼 샤워를 한다
다시 스푼을 들고 아이스크림을 떠먹는다
관음증 환자처럼 혼자 실실 웃다가 TV를 본다
TV에 머리를 이식시키고 샤워기에 발가락을 껴보지만
맞는 것은 하나도 없다 머리가 발가락을 보지 못하고
침실이 잠을 만나지 못하므로
왼쪽 방에서는 음악이 들리고
오른쪽 벽에서는 영화가 상영된다
화장실에서는 물 내리는 소리가 들리면
그 물소리로 다시 하얀 밥을 짓는 사람들
나는 누군가 먹다 남은 꿈을 꾼다

아침이 오면 두 번 옷을 갈아입은 저녁이
나를 또 어디론가 데려갈 것이다

생방송 ON AIR

레디 고우!
누군가 나를 켰다
빛이 들어왔다
굿 모닝! 우리는
끝나지 않은 인사를 했다
거리에는 비가 내리고
목소리가
전파를 타고 흩어진다
깜깜하다
마이크 숭숭 뚫린 말을
알아듣는 이는 아무도 없다
쓰다 만 소설처럼
멎을 듯 멎을 듯
띄엄띄엄
가는 전선에서 들려오는
불온한 띄어쓰기
창밖에 비가 온다
대사는 없지만
뜨거운 소통이다
컷!

코드가 빠져 나가고 스튜디오 밖
노란 해바라기 꽃에서
비린내가 화악 풍겨왔다

4부

장미정원

득음得音

게를 잡고자브면 말여, 닭다리가 최곤겨, 작대기 밑둥지에 다리깽이 매둘어 달면 게아들 햇바닥 낼름낼름 아주 환장을 헌다니께 돈주고 떡밥 살 것 있것냐 다리깽이 하나면 넉끈헌디 닭 다리깽이로 게를 실금실금 끌고 댕겨 뿔다 주둥지가 닭 다리깽이 물어 뻰지면 뜯겨 주는 츠윽! 흐다가 실그머니 실을 들어올려 쓰발, 냅다! 엎어치면 되는 겨 만약 죽이자고 브면 말여, 뜯기고 물리고 할 것 있겄냐 뜨건 물이 최곤겨 아암 끓는 물과 뜨건 물은 다르재 팔딱 팔딱 뛰는 게들을 목간하듯 휘휘 저음시롱 뜨건 물로 집중 샤워를 시키면 되아 기절혔다 싶으면 잽씨 다리 모강지를 분질러야 하능 겨 홀라당, 게딱지 뒤껑 베껴내면 반은 끝장났지라 양념 게장을 담그고 자브면 말여 질 먼저 감별을 혀야 혀는 겨 칼로 내리쳐서 알싸! 허면 게장감이고 쥐죽은 거 메로 먹통 같으면 국거린 건 알재 모릅지기 게는 재랄을 쳐야 쌩으로 먹어도 맛난디 파 마늘 고춧가루 간장 붓고 달달한 것 좋아하면 설탕 자금자금 묻혀서 깨깟한 유리그릇에 내뻔져 두면 이놈 찔리고 저놈 찔리고 피 찰찰 흘려 감시 히히 그래도 자식 목구멍 생각허면 살생도 즐겁지라이

장미정원

깊고 비밀스런 정원이었다
나는 맨발이었고
세상은 불타는 여름이었다
호수가 오리 떼도
고즈넉이 멈춰 있는 오후
구름이 하얀 울타리를
조용히 건너 간다
벽을 넘는 것은 꽃이 아니라
꽃의 눈이었다
그 눈동자 속에서
계절이 피었다 시들어 갔다
가끔은 눈동자가 가시를 찌르는지
여름이 떠날 채비를 했다
나는 그때까지 깨어나지 못했다
꿈속에서도 장미를 따서
바구니 그득 담았다
레드 칼립소
진한 핏물이 번져왔다
가슴에 붉은 물이 들어
지워지지 않았다

몇 번의 계절이 오가고
장미의 가녀린 목을 분지르던
피 묻은 손가락에도
하얀 겨울이 왔다

시

도려내도
도려내도
살아 돌아와
발기발기 찢는 손
아니, 갈퀴

어떤 창문

그녀를 탐한 후 그는 습관처럼 담배 한 대를 빼어 물었다 긴 한숨 담배연기 함성처럼 흩어지고 흐트러진 이불 위 못 다 읽은 책 한 권, 네모난 창문에 어둠이 서 있었다 식어 버린 것처럼 통열한 것이 또 있을까 그녀는 밤새 그에게서 울음을 퍼날랐다 세월의 빈 공간에서 그를 읽고 읽었지만 마지막 페이지는 늘 찢겨져 있다 창밖 가랑잎 소리에 서둘러 담뱃불을 비벼 끄는 그의 목을 뜨겁게 끌어안는 그녀가 소리를 만날 즈음 창밖에는 설익은 가을이 떨어지고 있었다

月力보고서

달이 나를 깨물었다
넘어지지도 않았는데
피 나던 첫 월경의 기억
엄마가 그랬다
달과 여자는
떼어 놓을 수 없는 관계라고
그날 밤 나는
밤새 줄넘기를 넘었다
붉은 피가 뚝뚝
장판 위에 떨어질 때마다 쑥쑥
키가 자라 올랐다
내 몸속에는
빨간 금이 그어졌다
누구도 나를 넘어 오지 못했다
쉬지 않고 달을 만들었다
둥글게
그러나 누구도 알아듣지 못하게
어느 날 달이 사라졌다
달이 내 몸속으로 걸어 들어온 것이다
달 차오르기를 기다렸다

그리고 엄마가 되었다
아이들이 커 갈수록
달이 여위어갔다
이유도 없이 얼굴이 붉어질 무렵
나는 조금씩 내 안의 여자를
내어주고 있다

음악 통론과 실습

칸다빌레

아버지 귀에 환청이 생기기 시작한 것은
막내동생이 태어난 후부터였대요
대동강 살얼음이 녹을 때까지
강 건너 어머니와 임시표처럼 결혼하신 아버지,
막내동생을 낳고서는 절대 음감이 흔들리셨는지
강 건너 얘기를 하지 않으셨대요
한 옥타브 낮은 할아버지가 꿈에 찾아오는 날이면
아버지는 며칠씩 먼 산을 떠돌다 돌아오시곤 했대요

크레센토

아버지는 세상을 떠나신 지 9년이 지나도록
페달을 놓지 않으셨어요
하루에도 수십 번씩 언니와 나 사이를
날아다니시죠 하얀 모싯대 꽃대 같은
얼굴로 밀고 들어오실 때면 그 큰 날갯짓이
어찌나 우렁찬지 귀를 막아요
너무 커서 도무지 만질 수가 없어요
쿵쿵 온 우주를 떠돌아요

녹턴Nocturne

돌이 지나자마자 죽은 둘째오빠는 가끔씩 내
손목을 잡고 철길을 달려요 열차 사이로 코스모스가
피고 둘째오빠는 돈 한 푼 없이 달리는 열차를 잡아타요
손을 흔들면 빙그레 웃어주는 것이 우리는 구면,
벌거벗은 둘째오빠의 돌사진을 보면 오빠는 영원한
낭만파 악곡과 악곡을 건너 뛰어 무시로 내게 오는

셰난도 오, 셰난도

산 끝자락이라도 좋아요
능선 따라 통나무집을 짓고
허름한 문고리라도
불빛 매달 수 있는 곳
굴뚝에서 흘러나오는 연기로 밥을 짓고
산 중턱에서 만난
사과주스 파는 아낙네가
야생의 바람에 검게 그을려
숨붕숨붕
세 명의 아이를 낳았다는 곳
구릉과 구릉 사이
뒷산에는 하얀 빨래가 펄럭이고
산등성이 나뭇잎 소리에
익어가는 버찌
나무 계단에 나란히 놓인 신발들
웨스트버지니아 낯선 계곡
산채를 지으면 좋겠어요
멀리 볼수록 고요하고
멀어질수록 깊어지는
바람 속에서 아이들을 낳고

장군의 신발을 신겨
하나 둘 도시로 떠내 보낸 뒤
노을 물들어 선선한 숲바람
당신과 나 달랑,
둘만 남아도 좋겠어요

천 섬에서

섬은 누군가 건너간 징표다
그렇게 고여 버린 휘파람이다
온종일 섬들의 이름을 받아 적었다
밤벌레가 달을 쏠기 시작하자
집 한 채가 수면 위로 떠올랐다
아무도 살고 있지 않는 모닥불
떠다니는 것들이 마구 뛰쳐나왔다
불빛! 소멸의 이름처럼
불빛! 짓무른 혁명처럼
불빛! 집으로 둔갑한 메아리여
섬들은
천 개의 목소리를 찍으며 통곡했다
새벽이 속수무책 절룩거렸다
사탕 같은 비가 내렸다
천 개의 섬에서 빵 굽는 냄새가 나고
나는 또 다른 섬으로 노를 저었다
절대를 잘라야 포구에 닿을 밤
목실 같은 밤을 이빨로 뚝,
끊어내고 싶었다
두고 온 마을이 조금씩 보였다

바람조차 없는 해무의 나라에서
나는 분열을 꿈꾸던 음표
내연內緣의 타래에 기억을
거꾸로 감아올리자 먼 냄새가 났다
누군가 풀어놓은 새벽
닫혔던 가슴이 열리고
천 년은 늙어버린 하룻밤
나는 그 어느 섬에도 당도하지 못했다

짤쯔부르크에서

호엔성*이 내려다보이는 도나우
집시는 찢어진 페이지를 찾기 위해
국경을 넘어왔다고 했다
비파 소리 애절한 저녁
마부는 말을 끌고 집으로 돌아간다
도나우강 물결이 짐머** 빈 방의
문을 열자 바람의 뒷면에서
알 수 없는 그리움이 튀어나와 합류한다
이 깊고 따스한 음지는 또 누구의 고향일까
찢어진 페이지는 없다
성곽 너머 또 다른 사랑이 시작되었을 뿐
물도 바람도 저녁에 깃든 새들도
에머랄럴드 빛 다뉴브 강물에 잠들었다
그러나 아침이 되면 집시는
또 다시 국경을 넘을 것이다
주인 없는 고향이 오래 맞은 비처럼 따스하다

*루드비히 2세가 태어나 17세까지 자란 짤쯔부르크에 있는 성
**독일어로 여관

봄

어디선가 나는 농부였나 봐
봄이 오면 갈아엎고 싶어져
겨우내 뿌리내린 잡초의 옹이를
맨손으로 구불구불 말아 올려
폐허가 된 땅에
호박이랑 감자랑 심어놓고
푸른 비를 기다리다
소식 끊긴 친구에게 불현듯 전화 걸어
풍년을 기대해도 좋을까
올 농사 잘 지어서 꼭 한번 만나자고

물을 끓이며

나뭇잎이었던 것은
기억 속에서의 일이다
아주 먼 예감 속에서의 일이다
벌레 한 마리가
내 몸을 뛰어내렸다
누군가 내 속에서
바시락! 소리를 냈다
파문이 지나간 뒤였다
나는 파문의 뒷면에서
울고 있었다
뜨겁게
꿈을 꾸고 있었다
물속에서 나는
물방울을 닮아가고 있었다
젖지 않는 집을 짓고 있었다
방 하나가
입술조차 댈 수 없으리만치
붉어질 즈음
꽃대를 밀어올리고
꽃망울이 터졌다

만나지 못한 것들은
바람의 끝까지 흘러 들어가
이글거리다
향기로 태어났다

남편

여자로 만나
엄마로 만들어 준 남자
내 속의 남자를 꺼내준 남자
젊어서는 고집불통이더니
왜소한 뒷모습
나를 울리는 남자
자기 닮은 아들에게 한 번도
이겨 본 적 없는 남자
아이 둘 모두
대학 기숙사로 보낸 뒤에야
남자친구가 된 남자
사랑으로 시작해
우정으로 끝날 것 같은 남자
반쪽인 줄 알았는데
전부였던 남자
죽을 때까지 소용 있는 남자
침대가 불편하다고 하면서도
죽어서까지 나와
한 침대를 쓰고 싶어 하는 남자
애인에서 아빠로

아빠에서 오누이로
그림자까지 닮아가는 남자

소호의 한 장면

One Cut of Soho

소호에는 무지개가 없다
음악도 흐르지 않는다
비도 내리지 않는다
중절모를 쓴 중년 남자가 외투의
먼지를 털며 지나간다
냄새도 없이 아침이 열린다
다람쥐 한 마리가 찻길로 뛰어든다
짧은 주름치마를 입은 스페니시 아이가
롤리 팝을 먹으며 행길을 건너온다
사람과 빌딩 사이에서
앙증맞은 요요를 튕기며
아이는 빌딩 속으로 들어간다
벽에 매달려 유리창을 닦던
사람들이 빵처럼
빌딩의 문에 매달려
귀뚤귀뚤 얼룩을 지운다
유리창 속으로 아이가 보인다
골목들을 돌고 돌아
빌딩 밖으로 나오면 어쩐 일인지
아이의 손에는 빨간 풍선이 들려 있다

노점 할아버지가 웃으며 아이에게
없는 무지개를 건넨다
아이는 그 무지개를 잡으려다
가지고 놀던 풍선마저 놓쳐 버린다
풍선은 그림자도 없다
아이가 울기 시작하자
해바라기 같은 옐로 택시가 달려와
도시의 해를 싣고
뒤뚱뒤뚱 사라진다

길 끝에 집이 있다

벌판을 내어주며 달리는
가든 스테이트 파크웨이*
백미러 속으로 자꾸
구름이 따라온다
뒷거울 안으로 해가 진다
떠나온 마을이
포도주처럼 익는다
어릴 적 청구동 집 같기도 하고
깊은 구릉 같기도 한
집으로 가는 길
그 끝에 집이 있다
버릴수록 차오르는
그리움의 주소들
멀어질수록 따스해라
하루가 소실점으로 찍히고
빈 가슴에는
유목의 달이 뜬다

*미국 뉴저지 주에 있는 하이웨이 도로 이름

엄마는 아직도 나를 기다리신다

파도에 고무줄을 뛰어논다
찰칵찰칵 등 뒤로 노을이 드러눕는다
엄마는 고장 난 테이프처럼
똑같은 말만 되풀이하신다
'은자야 밥 먹어라'
고봉밥이 보인다
딱딱한 움막으로 변해버린 가슴은
집 나간 자식들을 기다리느라
한 번도 문을 닫아 본 적 없다
문에 손이 닿자 잘 익은 문이
석류처럼 벌어진다
엄마의 목이 한 뼘이나 길어져 있다
엄마는 그때까지 나를 부르고 있었다
'은자야 밥 먹어라'

날개의 집

날개가 나를 데리고 간 곳은
사막이었어요
수목이 심지를 드러내고
꽃 한번 피우는데
천 년이 걸리는 곳,
산목숨조차 가시로 변하여
발 디딜 수조차 없는 그곳은
무엇이든
만지면 사라져 버리는
이상한 나라였어요
겨우 찾은 오아시스도 말라
허망한 입을 히죽이는데
나라고 별 수 있나요
바람처럼 서 있었지요
푸드득!
내 머리 위를 스치는
또 하나의 날개
오래전에 쓴 혈서에 나는
퍼즐처럼 입술이 말라
저기… 저기…

손짓만 하는데
만지지도 않았는데
사라져 버렸어요
날개가 있는 것들은 모두
집이 있었어요

시가 시에게

오래 만나 뵙지 못한
시인님의 신작 시집이
오늘에야 도착했습니다
우리의 안부는
최근의 시를 읽는 것,
반가운 악수처럼
첫 장을 넘겼습니다
기억의 저편
안면도에서는 눈이 내리고
어떻게 살고 있는지
시구詩句 하나에
시가 시를 불 지릅니다
울음도 번지면
희열의 이름으로 변해
하나의 시가 떠나면
또 하나의 시가 찾아와
밤의 입술을 두드립니다
나는 무의식의 끝에 누워
주석 하나 없는 맨몸으로
깜깜한 폐허의 문을 엽니다

어둠이 빛나는 길
소리로 찾아가는 골목
내가 서 있는 곳은 소리 밖,
굵은 비가 지나간 뒤였습니다

불편한 희곡

웃음의 지층을 조심스레 벗겨보면 연하고
말랑말랑한 진피 속에 울음이 고여 있다

그것은 누구도 침범하지 않은 고유의 슬픔이어서
뼈가 되지도 못한 채 투명한 각막 안에서 서식하다
살짝만 건드려도 빛보다 빠르게 번식한다

누군가 첫 번째 손가락이나 네 번째 손가락쯤에서
소설을 쓰다가 길을 잃어버렸는지도 모른다

머무는 곳이 눈물 속이기에 웃음으로 가득
채워진다 해도 이야기는 변함없이 이어진다

전쟁으로 아들을 잃은 어머니가 히죽히죽
웃는 것이나 성직자의 옷을 입은 개그우먼이
두 손을 높이 든 채 거룩한 말을 흉내낼 때
웃음바다가 되는 방청객이 그 증언이다

배꼽이 떨어질 정도로 웃는 사람들의 정체는
눈물이다 울음보다 웃음이 불편한 것이다

그러나 울음과 웃음을 섞어 먹어 본 자는
적어도 한 표정에 대하여 안다 그것이
희곡의 원리다

| 해설 |

푸른 기억으로 번져가는, 모국어의 심미적 진경

-김은자의 시세계

유성호(문학평론가 · 한양대 교수)

1.

김은자 시인의 두 번째 시집 『붉은 작업실』(문학의전당, 2010)은, 첫 시집 『외발노루의 춤』 이후 꼭 4년 만의 결실로써, 그동안 자신의 삶 속에 쌓아온 오랜 기억과 감각을 통해 자기 탐구와 자기 귀환이라는 서정시의 미학적 본령을 충실하게 성취한 사례라고 할 수 있을 것이다. 특별히 김은자 시인은 미국 뉴저지 주에 살고 있는 교포 시인으로서 매우 유려하고도 격정적인 모국어의 결과 품을 유감없이 보여주고 있는데, 일상적으로 이중언어(bilingual)의 환경에 놓여 있는 이른바 '이민자' 시인이 이토록 치열하고도 견고한 언어적 자의식을 가진 사례는 매우 드문 일이라고 생각된다. 그만큼 김은자 시인은 오랜 기억과 감각 속에 녹아 있는 모국어의 심미적 진경進境을 누구보다도 아름답게 개척하고 완성해낸 경우라 할 것이다.

이번 시집에 구현된 김은자 시편의 세계는, 크게 보아 세 가지 줄기로 읽어볼 수 있지 않을까 한다. 그 하나가 이민자로서의 경험적 직접성을 매개한 격정적 '내면' 탐구의 세계라면, 다른 하나는 오랜 시간 축적해온 감각을 통해 재구성되는 '기억' 탐구의 세계이고, 마지막 하나는 '시詩'라는 언어예술에 대한 메타적 탐구의 세계라 할 것이다. 물론 이 세 가지 지향들은 서로 배타적으로 작동하고 있기보다는, 함께 얽히면서 움직이는 이른바 '연동聯動'의 활력을 보여주는 관계에 놓여 있다. 그래서 우리는 김은자 시학의 주춧돌이 '내면' 탐구와 '기억'의 재구성 그리고 '시'에 대한 섬세한 자의식이 서로 영향을 주면서 이루어지고 있다고 말할 수 있을 것이다. 이제 이 글을 통해, 이러한 세 줄기의 지향을 따라가면서, 김은자 시편의 풍경을 들여다보기로 하자.

2.

먼저 우리는 이번 시집을 통해, 김은자 시인이 견고한 '내면' 탐구를 통해 자신의 시적 수심水深을 깊이 들여다보고 있는 풍경을 접하게 된다. 물론 이러한 시학적 표지標識가 퇴행적이거나 회고적인 정서에 머무르고 있는 것은 결코 아니다. 오히려 그의 이러한 시적 지향은 이민자로서의 격정적이고 견고한 '내면' 탐구의 세계로 가 닿는다는 점에서, 그리고 새로운 존재론적 생성을 역동적으로 예비하고 있다는 점에서, 그녀 시편의 궁극적 수원水源이자 원동력이 되고 있는 것이다. 물론 이러한 탐구의 배면에는 이민자로서 겪었던 결핍과 갈등이 가로놓여 있다. 다음 시편을 통해 그러한 모습을 아름답게 느껴볼 수 있을 것이다.

> 공항에서 잃어버린 두 개의 이민가방이 도착한 것은
> 미국에 도착하고 육 개월 후, 동네 간이우체국
> 찌그러진 깡통 이민가방이 내 발 앞에 놓였을 때
> 이름표에는 이름이 반쯤 지워져 있었다 사람들은 나를
> KIMEUNJA 귀. 먼. 자.로 불렀다 운명 같은 해독 이후 나는
> 귀머거리가 되었다 모국어가 목마른 날이면 먹먹해진
> 귀를 홀로 만지며 대숲을 뒹구는 사람들 틈 속에서
> 지퍼를 열면 붉은 울음이 빗방울처럼 매달려 있었다
> 이민 올 때 엄마가 사준 꽃무늬 원피스는 아직도
> 한쪽 팔이 꺾인 채 옷장 한켠에 박제처럼 걸려 있다
> 귀머거리의 속성은 옮게 떨다 눈을 잠가버리는 것
> 겨울에 떠나 여름에 도착한 개화를 모르는 그리움
> 깊숙이 손을 넣으면 이민 올 때 언니가 사준 벙어리
> 장갑이 딸려 나온다 귀가 멀면 입도 멀어지는 법
> 이국異國은 명치뼈 아래께 느껴지는 통증 같은 것
> 흰 편지에 봉인된 얼굴들을 넣고 돌아서는 색색色色의
> 사람들 발음 틀린 소통이 오래 아프다

—「귀먼 자(KIMEUNJA)」 전문

자신의 이름과 유사한 발음의 제목을 통해 일종의 펀pun 기법을 활용한 이 시편은, 그녀가 치르는 내면 탐구의 몫이 얼마나 진중하고 깊은지를 실감 있게 전달해준다. 이 시편의 화자는 이민 생활의 한복판에서 겪은 직접적 경험을 시의 소재로 택했다. 가령 입국할 때 공항에서 잃어버린 이민 가방을 6개월 후에나 겨우 다시 찾게 된 경험을 말하고 있다. 동네 우체국에서 그것을 찾았을 때, 거기 반쯤 지워진 자신의 이름 'KIMEUNJA'가 마치 "귀. 먼. 자."로 들렸다는 것이다. '귀먼 자' 라니? 이러한 "운명 같은 해독"을 통해 화자는 비로소 자신이 이국에서의 "귀머거리"임을 알게 된다. 그리고는 자신이 영락없이 모국어를 그리워하는 시인이라는 사실을 "귀를 홀로 만지며" 알아가게 된다. 이처럼 "붉은 울음"과 "귀머거리의 속성"을 함께 경험한 화자는 "귀가 멀면 입도 멀어지는 법"이라면서 이국異國에서의 생활이 결국은 "명치뼈 아래께 느껴지는 통증 같은 것"임을 고백하고 있다. 그래서 우리는 이 시편을 통해, "귀머거리의 속성은 엷게 떨다 눈을 잠가버리는 것"이라고 생각한 화자가 겪어갔을 이국에서의 고독과 결핍을 환하게 받아들이게 된다.

이러한 경험들은 이번 시집에서 "멀어질수록 따스해라/하루가 소실점으로 찍히고/빈 가슴에는/유목의 달이 뜬다"(「길 끝에 집이 있다」)든지 "흩날리는 홀씨처럼 나도/이 생을 떠돌다 어느 숲 속/저녁으로 깃들지 모를 일이다"(「황홀한 역류」) 같은 데서 유목의 여진餘震으로 지속적으로 나타난다. 그리고 "사막의 노래가 들려요 그건 내 속에 유목의 피가/흐르고 있다는 징표 나는 사막의 언어를 버리지 못했어요"(「유목의 피」)에서 고백되는 그녀의 노마드nomad적 언어는, 이러한 이민 생활의 고독과 결핍을 선명하게 전해준다. 그렇게 김은자 시인은 자신의 이민자로서의 삶과 고독을 노래하고 있다. 그리고 가족들의 사랑이 있었기 때문에 이를 누리고 견뎌올 수 있었다고 고백하고 있다. 그 중에서도 '부부'의 모습이 시 안쪽으로 들어와 있는 경우가 많다. 다음 시편을 보자.

> 광부의 장화를 신고 보랏빛 갱을 건너 매몰된
> 당신 속으로 걸어 들어갑니다 불빛 하나를
> 위해 들녘을 쏘다니다 둥지로 돌아갑니다
> 빛나게 늙어 가는 기억의 파편들
> 딱딱한 강을 건너 야생의 벌판으로 던져진다 해도
> 두렵지 않습니다 소리 하나 쌓이지 않는 곳
> 이방의 지붕 아래 좁고 깜깜한 누옥, 당신과
> 나는 한겨울 길 없는 곳으로 쏟아져 내린 장대비
> 반쯤 써 내려간 하루가 애처로이 닮아 있는
>
> ―「夫婦」 전문

김은자 시편에서 '남편'은, "반쪽인 줄 알았는데/전부였던 남자/죽을 때까지 소용 있는 남자/애인에서 아빠로/아빠에서 오누이로/그림자까지 닮아가는 남자"(「남편」)로 현상된다. 이 시편에서도 시의 화자는 '남편'과 함께 살아온 세월을, 마치 장화를 신고 보랏빛 갱을 건너 매몰된 이를 찾아들어가는 과정으로 은유한다. 그러한 야생의 기억들을 안고, 두렵지 않은 시간들을 함께 채워갈 소리 없는 "깜깜한 누옥"에서 부부는 생을 같이 나눈다. 이러한 "빛나게 늙어 가는 기억의 파편"을 공유하면서 부부는 "반쯤 써 내려간 하루가 애처로이 닮아 있는" 모습을 서로 띠어간다. 이러한 장면은 "멀리 볼수록 고요하고/멀어질수록 깊어지는/바람 속에서 아이들을 낳고/장군의 신발을 신겨/하나 둘 도시로 떠내 보낸 뒤/노을에 물들어 선선한 숲바람/당신과 나 달랑,/둘만 남아도 좋겠어요"(「셰난도 오, 셰난도」)라는 사랑의 언어를 서로 주고받는 '부부'의 모습으로 이어진다.

이러한 고독과 사랑의 경험 속에서 김은자 시인이 건져낸 다음과 같은 잠언箴言들은, 그 어느 시인의 언어보다도 아름답고 날카로운 지혜와 감각을 보여주는 실례들이다. 이제 그녀는 애처로움과 아름다움을 통합하고, 두려움과 사랑이 같은 영혼에서 발원하는 것임을 알고 있는 것이다.

> 벼랑에 서면 하늘도 물처럼 깊어진다
> 제 몸에 홈을 파고 수렁을 내려놓은 사람들
> 막다른 골목에 홀로 서 본 자만이
> 메아리가 될 수 있다
> 거친 능선을 넘어
> 어둠을 흔드는 별이 될 수 있다
>
> —「벼랑의 별」 중에서

> 멀리 보아야 제대로 보인다

이제 나는 가까운 것을 거부한다
그것이 내 몸의 가시를 뽑는
유일한 방법이다
사슴의 목도 멀리 보면 그리움이고
아픔도 멀리 보면 넉넉하다

—「손가락에 박힌 가시를 뽑으며」 중에서

이제 오랜 이민 생활을 통해 시인의 언어는, '벼랑'과 '수렁'과 '막다른 골목'과 '능선'에서 홀로 빛나는 "어둠을 흔드는 별"이 되어, 멀리 내다보고 자신의 몸에서 고통을 뽑아내는 넉넉한 통증의 제의祭儀(ritual)를 치르고 있다. 이러한 시세계가 그녀 시편에서 가장 중요한 지분을 차지하는 음역音域이라 할 것이다.

3.

원래 모든 '기억記憶'은, 과거의 삶에 대한 사실적 재현이 아니라, 지금의 삶을 살아가는 이의 현재적 욕망에 의해 선택되고 구성된다. 그 점에서 시인이 선택하고 구성하는 '기억'의 형식들은, 곧바로 시인이 현재 가지고 있는 욕망과 닮게 된다. 김은자 시편들 역시 이러한 욕망, 곧 지난날들을 호명하면서 '기억'의 힘을 통해 새로운 세계로 나아가려는 의지를 깊이 담고 있다. 결국 그녀의 시세계는 이러한 '기억'의 풍경을 통해, 세상이 살 만한 것이라는 사실을 가장 근원적인 터치로 보여주는 것이다. 그럼으로써 시간의 가혹한 무게를 견디면서, 그 진정

성을 통해 우리로 하여금 우리의 '기억'을 부조浮彫하게끔 한다. 이는 마치 베르그송H. Bergson이 말한 "지속의 내면적 느낌"이라고 부른 시간이 자신의 삶 속에 있음을 증명하는 것이며, "기억의 볼륨을 높여도 떠나온 시간은/만져지지 않는다"(「겨울 정물－In the wintertime」)는 감각을 진중하게 표현하는 것이기도 하고, "내가 노래할 수 있었던 것은/기억의 끈을 놓지 않았기 때문"(「씨」)이라는 자신의 의지를 선명하게 표명하는 것이기도 하다. 다음 작품은 그러한 감각과 의지를 심미적으로 표현한 사례일 것이다.

> 노래를 부른 것은
> 새가 아니라 바다였다
> 누이야 저,
> 노을 속에는 빨간 새가 살고 있나 봐
> 누이는 심해深海를 건져
> 수평선에 넌다
> 어서 집으로 돌아가야 해
> 아이가 지평선을 향해 걸어간다
> 끝이 보이지 않는 들녘 위
> 해는 붉게 눕고
> 그림자는 하얀 숨을 고른다
> 누이야 저,
> 노을 속에는 빨간 새가 살고 있나 봐

－「불새 – 씬 # 49」 전문

지나온 날을 비극적 형식으로 바라보는 태도는 서정시에서 가장 보편적인 것이다. 게다가 그 비극 속에 잠겨 감상적 자기 탐닉에 빠진다면 그것은 범상하기 짝이 없는 동어반복으로 머물 위험성을 지니게 된다. 하지만 김은자 시편은 그 비극이 사랑의 힘에 의해 극복될 수 있는 가능성을 마련함으로써 이러한 위험에서 벗어나 자신만의 시적 전망을 가지게 된다. 위의 시편은 모국어로 짜낸 아름다운 은실 같은 노래가 아닐 수 없는데, 시의 화자는 바닷가의 일몰 광경 속에서 아름다운 '기억' 의 화폭을 하나 그려내고 있다.

노을 속에 '빨간 새' 가 살고 있다는 아이의 말을 듣고는 "심해深海를 건져/수평선에" 널고 있는 '누이' 는, 언뜻 보아 김은자 시인의 모습이 실루엣으로 번져온 듯한 느낌을 준다. 그 '누이' 가 "어서 집으로 돌아가야 해"라고 말하지만, '아이' 는 아랑곳없이 지평선을 향해 걸어간다. 해가 붉게 눕고 그림자는 하얀 숨을 고르는 바로 그 순간, "누이야 저,/노을 속에는 빨간 새가 살고 있나봐"라는 아이의 반복되는 말 속에서 화자가 그려낸 '씬' 은 완성된다. 어디선가 "별을 부르는 순간, 푸드득/내 속에 살고 있는 새를 느낀다"(「별에 대한 연구 보고」)고 노래한 바로 그 풍경과 기억의 상호 결속이 아름답게 이루어지는 순간이 아닐 수 없다.

말할 것도 없이, 서정시의 가장 중요한 원천은 결핍과 부재를 견디는 힘에서 생겨난다. 마땅히 있어야 할 것의 결핍, 한때 분명한 실재實在로서 존재했던 것들의 부재, 이러한 생의 결여 형식에 대한 가장 원형적인 반응이 '기억' 의 힘이기 때문이다.

이는 화이트헤드A. N. Whitehead가 지적하였듯이, '기억' 은 실재 자체가 아니며 현재적 자아의 심리에 따라 조정되고 재현된 굴절된 시간의 집결물이기 때문이다. 김은자 시인은 이렇게 "생애 가장 뜨겁게 사랑했던 기억"(「해피엔딩이 좋아」)을 시적으로 구성하면서, 자신의 현재적 삶을 견디고 있는 것이다. 다음 시편에 나타난 '기억' 을 들여다보자.

> 파도에 고무줄을 뛰어논다
> 찰칵찰칵 등 뒤로 노을이 드러눕는다
> 엄마는 고장 난 테이프처럼
> 똑같은 말만 되풀이하신다
> '은자야 밥 먹어라'
> 고봉밥이 보인다
> 딱딱한 움막으로 변해버린 가슴은
> 집 나간 자식들을 기다리느라
> 한 번도 문을 닫아 본 적 없다
> 문에 손이 닿자 잘 익은 문이
> 석류처럼 벌어진다
> 엄마의 목이 한 뼘이나 길어져 있다
> 엄마는 그때까지
> 나를 부르고 있었다
> '은자야 밥 먹어라'

—「엄마는 아직도 나를 기다리신다」 전문

이 시편에서 비로소 가장 아름다운 모국어인 ‘엄마’가 나온다. 앞 시편에서의 ‘누이’처럼, 여기서의 ‘엄마’ 역시 시인의 깊은 기억을 매개하고 현상하는 구체적이고 궁극적인 원천이다. 김은자 시인은 ‘파도’와 ‘노을’을 다시 한 번 시 안으로 끌어들인다.(그러고 보면 김은자 시인은 ‘바다(파도)’의 자의식도 매우 깊은 시인이다.) 파도가 너울대는 바닷가에서 고무줄놀이에 신이 났던 화자의 어린 시절, 그 뒤로 눕는 노을, 그런데 ‘엄마’는 같은 말씀만 되풀이하신다. 순간 환청처럼 그 말이 들리자 “봉분 같은 고봉밥”과 움막으로 변해버린 “엄마의 가슴”이 떠오르고, 화자의 기억 속에는 이민으로 떠나버린 자식들을 기다리시는 ‘엄마’의 목소리가 따라온다.

원래 시인의 ‘원체험原體驗’은 가장 오랜 기억 속에 머물러 있으면서, 지속적으로 시인의 행위나 감각에 영향을 준다. 모든 시인은 이러한 원체험을 부단히 변형하여 상상적인 ‘기억’을 통해 자기동일성을 점진적으로 획득해간다. ‘파도’와 ‘노을’이 매개된 두 시편에서, 우리는 김은자 시인이 자신의 몸 깊이 숨겨져 있는 ‘원체험’을 아름답게 번져가게 하고 있음을 알게 되고, 그녀 시편의 선연한 한 줄기가 이렇게 깊은 ‘기억’에가 닿고 있음을 알게 된다.

4.

마지막으로 우리가 강조해야 할 김은자 시세계의 한 줄기는, 바로 ‘시’ 자체에 대한 혹은 ‘시 쓰기’ 자체에 대한 깊은 자의식에 관한 것이다. 시인은 고국故國에 대한 짙은 향수와 모국어에 대한 애착을 중심으로 하여, 자신의 '시 쓰기'가 매우 지속적이며 불가항력적인 작업임을 고백하고 있기 때문이다. 그리고 그것이 바로 이민자 생활을 관통하면서 존재하는, 양도할 수 없는 자신의 존재 방식이라고 노래하고 있기 때문이다. 그 안에는 자신이 살아온 세월에 대한 깊은 그리움도 가로놓여 있다. 그렇다면 과연 그녀에게 '시' 혹은 '시 쓰기'란 무엇이었는가.

배가 고플 때
웃음과 울음은 같은 어원이 된다
같은 어원 속에서
눈물은 글 쪽에 가깝다
울음에 답장하고 싶을 때
콩나물과 찢어진 책갈피
풀어진 운동화 끈
엉킨 실타래
냄새나는 옷
금간 그릇 나는 왜 또
말싸움에서 이겼을까?
안 보이게 졌을 때
사람이 칼보다 예리하고 아플 때
벽과 무덤과 서랍이 부드러울 때
나는 한 손가락으로 치는 피아노
거울 속과 거울 밖에서
얼룩과 무늬의 혼돈

바람조차 침묵할 때 그,
침묵으로 고막을 뜯어낼 때
누군가를 외로워할 때
무모함에 목매달고 싶을 때
깜깜하게 타오르던 불씨
야금야금 내 몸을 뜯어 먹을 때
쓰려 하지 말자 하나 둘
지워가자

—「시 쓰기」 전문

'웃음'과 '울음'이 같은 어원이라는 것, '눈물'이 어느새 '글'이 된다는 것, 화자는 온갖 생의 순간에서 이러한 역리逆理를 알아간다. 이렇게 "얼룩과 무늬의 혼돈"의 끝에서 '시 쓰기'는 비로소 완성되는 것이다. 그러니 '침묵'과 '외로움'과 '무모함' 속에서 "깜깜하게 타오르는 불씨"가 바로 '시'의 은유가 되고, 화자는 그 순간 쓰려 하지 않고 "하나 둘 지워가자"라고 하지 않는가. 이는 "안 보이는 바람에 집을 짓고/내재율같이 얇은 가슴팍에/휘파람만이 들리는"(「비가悲歌 혹은 비가非家」) 언어를 향해 가는 시인의 고독과, "잊혀진 소리를 받아 적는 것"(「하프파이프」)이 시 쓰기의 본령임을 깨달아가는 시인의 의지가 함께 반영된 것이다. 그것은 또한 "어둠마저 빛나는 길/소리로 찾아가는 먼 골목"(「詩가 詩에게」)에서 마주친 운명과도 같은 것이다. 그래서 '시'는 "도려내도/도려내도/살아 돌아와/발기발기/나를 찢는 손/아니, 갈퀴"(「시」)가 되고 있지 않은가. 이러한 시인' 의 운명은 다음 시편에서 아름다운 비유적 형상을 얻는다.

> 가쁜 숨을 내쉬던 하늘이 목을 놓아 울기 시작했다 후드득 빗방울에 주저앉은 어둠이 하나둘 스러지자 거룩한 내통을 시작한 장대비 내가 시와 씨름하는 사이 젖은 페이지를 읽고 있었다 목마른 문장들이 가파른 언덕을 뛰어 내려 축축한 땅 위로 곤두박질쳤다 은밀한 유서에는 거대한 바다가 그려져 있었다 바람은 왜 한쪽 눈으로만 우는 것일까? 발자국 하나가 어둠의 맨 앞에서 휘파람을 불며 지나갔다 메마른 대지를 끌어안고 끝없이 말을 잇는 저 온전한 시 한 편 나 대신 울고 있는 네가 시인이다
>
> —「곡비哭婢」 전문

'곡비哭婢' 는 장례 때 행렬 맨 앞에서 울음 우는 역할을 맡은 여종을 뜻한다. 이 시편에서는 곡비가 우는 그 울음이 바로 '시' 의 은유가 된다. 하늘도 목 놓아 울기 시작하고 빗방울이 후드득 쏟아질 때 젖은 페이지를 넘기며 누군가를 읽고 있는 화자는, 곧바로 '시인' 의 운명을 함축한다. 그는 "목마른 문장들"이 지상으로 내려오는 상상적 풍경을 통해 "메마른 대지를 끌어안고 끝없이 말을 잇는 저 온전한 시 한 편"을 상상한다. 그 순간 바로 "나 대신 울고 있는" 곡비는 "시인"이 되는 것이다.

김은자 시인의 시선에는 "소리에 깃든다는 것은/저렇듯 어두워지는 것"(「소리에 깃들다」)인데, 이때 '시인' 은 "산림이 자랄 수 없는 수목의 한계선에서/소리를 훔쳐온 악공"(「명기名器」)이 된다. 그러니 '시인' 은 언어적 자의식으로 충만한 사람

이라는 자기 규정성을 뛰어넘어, '언어'를 찾아 헤매고 궁극에는 사물들 속에서 '언어'를 발견하고 경험하려고 하는 존재로 바뀌게 된다. 다시 말하면 '언어'의 도구적 기능을 넘어서 '언어' 자체에 대한 탐색에 공을 들이는 이가 '시인'이라는 뜻이 된다. 이렇듯 김은자의 시세계는, '시'의 생성과 소통 그리고 그 과정을 수행하는 시인의 고독에 대한 자의식이 중요한 한 축을 이루고 있다. 그녀 시편에서 감성과 이성이 조화롭게 균형을 이루고 있는 사례가 이러한 자의식에 있다 할 것이다.

지금까지 우리가 읽어온 김은자 시편들은, 이민자로서의 경험을 통한 '내면' 탐구의 세계, 오랜 시간과 감각을 통해 구성되는 '기억' 탐구의 세계, '시(쓰기)'에 대한 메타적 탐구의 세계로 펼쳐져왔다. 그럼으로써 그녀는 우리에게 아름다운 모국어의 심미적 진경을 보여주었다. 그녀의 기억 속에서 비록 "세상이 온통 푸른 멍"(「환절기」)일지라도, 그녀의 언어는 그 '멍'을 닮아 푸르게 푸르게 번져가고 있다. 그 푸르름에 우리도 한껏 목을 적신다. 그렇게 푸른 기억으로 번져가는 그녀의 시편이, 왜 아름답지 않겠는가.

문학의전당 · 시인선 95
붉은 작업실

초판인쇄 2010년 9월 3일
초판발행 2010년 9월 8일

지 은 이 김은자
펴 낸 이 김충규
펴 낸 곳 **문학의전당**
출판등록 제387-2003-00048호(2003년 9월 8일)

주 소 121-718 서울특별시 마포구 공덕2동 404번지 풍림VIP빌딩 202호
전화번호 02-852-1977
팩시밀리 02-852-1978
블 로 그 http://blog.naver.com/mhjd2003
전자우편 mhjd2003@naver.com

I S B N 978-89-93481-64-8 03810